REFLEXIONS NOUVELLES SUR LES FEMMES;

Par une Dame de la Cour.

Le prix est de quinze sols.

A PARIS,

Chez FRANÇOIS LE BRETON, pere, Libraire, à la descente du Pont-Neuf, proche la ruë de Guenegaud, à l'Aigle d'or.

───────────

M. DCC. XXVII.
Avec Approbation & Privilege du Roy.

Le Cerveau m'a aidé à
Lunéville 8. février 1738. n° 765.

AU LECTEUR.

UN Ancien disoit que les pensées étoient les promenades de l'esprit. J'ai cru avoir le privilege de me promener de cette maniere. Les idées se sont offertes assez naturellement à moi, & de proche en proche elles m'ont menée plus loin que je ne devois ni ne voulois. Voici le chemin qu'elles m'ont fait faire. J'ai été blessée que les hommes connussent si peu leur interêt, que de condamner les Femmes qui sçavent occuper leur esprit. Les inconveniens d'une vie frivole & dissipée, les dangers d'un cœur qui n'est soutenu d'aucun principe m'ont aussi toujours frappée. J'ai examiné si on ne pouvoit pas tirer un meilleur parti des Femmes, j'ai trouvé des Auteurs respectables qui ont crû qu'elles avoient en elles des qualitez qui les pouvoient conduire à de grandes choses, comme l'imagination, la sensibilité, le goût: presens qu'elles ont reçus de la Nature. J'ay fait des reflexions sur chacune de ces qualitez. Comme la sensibilité les domine, & qu'elle les porte naturellement à l'amour, j'ai cherché si on ne pouvoit point les sauver des inconveniens de cette passion, en separant le plaisir de ce qu'on appelle vice. J'ai donc imaginé une Métaphisique d'amour: la pratiquera qui pourra.

REFLEXIONS
NOUVELLES
SUR
LES FEMMES.

LE Livre de Dom-Quichotte, selon un Auteur Espagnol, a perdu la Monarchie d'Espagne; parce que le ridicule qu'il a répandu sur la valeur, que cette Nation possedoit autrefois dans un dégré si

A iij

éminent, en a amolli & énervé le courage.

Moliere en France a fait le même desordre, par la Comedie des Femmes Sçavantes. Depuis ce tems-là, on a attaché presque autant de honte au sçavoir des Femmes, qu'aux vices qui leur sont le plus défendus. Lorsqu'elles se sont vûës attaquées sur des amusemens innocens, elles ont compris que, honte pour honte, il falloit choisir celle qui leur rendoit davantage, & elles se sont livrées aux plaisirs.

Le desordre s'est accru par l'exemple, & a été autorisé par les femmes en dignité ;

sur les Femmes.

car la licence & l'impunité sont les privileges de la Grandeur : Alexandre nous l'a appris. On vint un jour lui dire que sa sœur aimoit un jeune homme, que leur intrigue étoit publique, & qu'elle se respectoit peu : *Il faut bien, dit-il, lui laisser sa part de la Royauté, qui est la liberté & l'impunité.* *

La societé a-t'elle gagné dans cet échange du goût des Femmes ? Elles ont mis la débauche à la place du sçavoir ; le precieux qu'on leur a tant reproché, elles l'ont changé en indécence : Par-là elles se sont dégradées ; & sont déchuës de leur dignité ;

* *Qui peut tout ose tout. Machiavel.*

car il n'y a que la vertu qui leur conserve leur place, & il n'y a que les bienséances, qui les maintienent dans leurs droits. Mais plus elles ont voulu ressembler aux hommes de ce côté-là, & plus elles se sont avilies.

Les hommes par la force plûtôt que par le droit naturel, ont usurpé l'autorité sur les femmes; elles ne rentrent dans leur domination que par la beauté & par la vertu : Si elles peuvent joindre les deux, leur empire sera plus absolu : mais le regne de la beauté est peu durable. On l'appelle une courte tyrannie; elle leur donne le pouvoir de faire des malheureux, mais il ne faut pas qu'elles en abusent.

Le regne de la vertu est pour toute la vie : c'est le caractere des choses estimables de redoubler de prix par leur durée, & de plaire par le dégré de perfection qu'elles ont, quand elles ne plaisent plus par le charme de la nouveauté. Il faut penser qu'il y a peu de tems à être belle, & beaucoup à ne l'être plus ; que quand les graces abandonnent les Femmes, elles ne se soûtiennent que par les parties essentielles & par les qualitez estimables. Il ne faut pas qu'elles esperent allier une jeunesse voluptueuse & une vieillesse honorable. Quand une fois la pudeur est immolée, elle ne revient pas plus que les belles années : c'est elle qui sert leur veritable interêt : elle augmente leur beauté : elle en est la fleur : elle sert d'excuse à la laideur : elle est le charme des yeux, l'attrait des cœurs, la caution des vertus, l'union & la paix des familles.

Mais si elle est une sûreté pour les mœurs, elle est aussi l'aiguillon des desirs : sans elle l'amour seroit sans gloire, & sans goût ; c'est sur elle que se prennent les plus flateuses conquêtes ; elle met le prix aux faveurs. La pudeur enfin est si necessaire aux plaisirs, qu'il la faut conserver dans les tems mêmes destinez à la perdre ; elle est aussi une coquetterie rafinée, une espece d'enchere, que les belles personnes mettent à leurs appas, & une maniere délicate d'augmenter leurs charmes en les cachant. Ce qu'elles dérobent aux yeux leur est rendu par la liberalité de l'imagination. Plutarque dit qu'il y avoit un Temple dedié à Venus la voilée. *On ne sçauroit, dit-il, entourer cette Déesse de trop d'ombres, d'obscuritez & de mysteres.* Mais à present l'indécence est au point de ne vouloir plus de voile à ses foiblesses.

Les Femmes pourroient dire : quelle est la tyrannie des hommes ! Ils veulent que nous ne fassions aucun usage de notre esprit ni de nos sentimens. Ne doit-il pas leur suffire de regler tout le mouvement de notre cœur, sans se saisir encore de notre intelligence ? Ils veulent que la bienséance soit aussi blessée, quand nous ornons notre esprit, que quand nous livrons notre cœur. C'est étendre trop loin leurs droits.

Les hommes ont un grand interêt à rappeller les Femmes à elles-mêmes & à leurs premiers devoirs. Le divorce que nous faisons avec nous-mêmes, est la source de tous nos égaremens. Quand nous ne tenons pas à nous par des goûts solides, nous tenons à tout. C'est dans la solitude que la verité donne ses leçons, & où nous apprenons à rabattre du prix des choses, que notre imagination sçait nous surfaire. Quand nous sçavons nous occuper par de bonnes lectures, il se fait en nous insensiblement une nourriture solide, qui coule dans les mœurs.

Il y avoit autrefois des maisons où il étoit permis de parler & de penser, où les Muses étoient en societé avec les Graces. On y alloit prendre des leçons de politesse & de délicatesse: les plus grandes Princesses s'y honoroient du commerce des gens d'esprit.

Madame Henriette d'Angleterre, qui auroit servi de modele aux Graces, donnoit l'exemple. Sous un visage riant, sous un air de jeunesse qui ne sembloit promettre que des jeux, elle cachoit un grand sens & un esprit serieux. Quand on traitoit ou qu'on disputoit avec elle, elle oublioit son rang, & ne paroissoit élevée que par sa raison. Enfin l'on ne croïoit avancer dans l'agrément & dans la perfection, qu'autant qu'on avoit sçû plaire à Madame. Un Hôtel de Rambouillet si honoré dans le siecle passé seroit le ridicule du nôtre. On sortoit de ces maisons, comme des repas de Platon, dont l'ame étoit nourrie & fortifiée. Ces plaisirs spirituels & délicats ne coûtoient rien aux mœurs, ni à la fortune ; car les dépenses d'esprit n'ont jamais ruiné personne. Les jours couloient dans l'innocence & dans la paix. Mais à present que ne faut-il point pour l'emploi du tems, pour l'amusement d'une journée ?

Quelle multitude de goûts se succedent les uns aux autres ! La Table, le Jeu, les Spectacles. Quand le luxe & l'argent sont en credit, le veritable honneur perd le sien.

On ne cherche plus que ces Maisons où regne un luxe honteux. Ce Maître de la Maison, que vous honorez, songez, en l'abordant, que souvent c'est l'injustice & le larcin que vous saluez. Sa Table, dites-vous, est délicate; le goût regne chez lui. Tout est poli, tout est orné, hors l'ame du Maître. Il oublie, dites-vous, ce qu'il est : Eh comment ne l'oublieroit-il pas ? Vous l'oubliez

bliez vous même. C'est vous qui tirez le rideau de l'oubli & de l'orgueil devant ses yeux. Voilà les inconveniens pour les deux sexes où conduit l'éloignement des lettres & du sçavoir ; car les Muses ont toujours été l'azyle des mœurs.

Les Femmes ne peuvent-elles pas dire aux hommes : quel droit avez-vous de nous défendre l'étude des sciences & des beaux arts ? Celles qui s'y sont attachées, n'y ont-elles pas réussi & dans le sublime & dans l'agréable ? Si les Poesies de certaines Dames avoient le merite de l'antiquité, vous les regarderiez

B

avec la même admiration que les Ouvrages des Anciens à qui vous faites justice.

Un Auteur très-respectable donne au sexe tous les agrémens de l'imagination. *Ce qui est de goût est*, dit-il, *de leur ressort, & elles sont Juges de la perfection de la langue.* L'avantage n'est pas mediocre.

Or, que ne doit-on pas aux agrémens de l'imagination ? C'est elle qui fait les Poëtes & les Orateurs ; rien ne plaît tant que ces imaginations vives, délicates, remplies d'idées riantes : si vous joignez la force à l'agrement, elles dominent, elles forcent l'ame & l'entraînent; car nous cedons plus certainement à l'agrément qu'à la verité. L'imagination est la source & la gardienne de nos plaisirs. Ce n'est qu'à elle qu'on doit l'agréable illusion des passions. Toujours d'intelligence avec le cœur, elle sçait lui fournir toutes les erreurs dont il a besoin; elle a droit aussi sur le tems, elle sçait rappeller les plaisirs passez, & nous fait jouir par avance de tous ceux que l'avenir nous promet : elle nous donne de ces joyes serieuses, qui ne font rire que l'esprit; toute l'ame est en elle, & dès qu'elle se refroidit, tous les charmes de la vie disparoissent.

Parmi les avantages qu'on donne aux Femmes, on prétend qu'elles ont un goût fin, pour juger des choses d'agrément. Beaucoup de personnes ont défini le goût. Une Dame * d'une profonde érudition a prétendu que c'est une harmonie, un accord de l'esprit & de la raison, & qu'on en a plus ou moins, selon que cette harmonie est plus ou moins juste. Une autre personne a prétendu que le goût est une union du sentiment & de l'esprit, & que l'un & l'autre d'intelligence, forment ce qu'on appelle le

* Madame Dacier.

jugement. Ce qui fait croire que le goût tient plus au sentiment qu'à l'esprit, c'est qu'on ne peut rendre raison de ses goûts, parce qu'on ne sçait point pourquoi on sent: mais on rend toujours raison de ses opinions & de ses connoissances. Il n'y a aucun rapport, aucune liaison necessaire entre les goûts : ce n'est pas la même chose entre les veritez. Je crois donc pouvoir amener toute personne intelligente à mon avis. Je ne suis jamais sûre d'amener une personne sensible à mon goût: je n'ai point d'attrait pour l'attirer à moi. Rien ne se tient dans les goûts ; tout vient de la disposition des organes & du rapport qui se trouve entre eux & les objets. Il y a cependant une justesse de goût, comme il y a une justesse de sens. La justesse de goût juge de ce qui s'appelle agrément, sentiment, bienséance, délicatesse, ou fleur d'esprit, si on ose parler ainsi, qui fait sentir dans chaque chose la mesure qu'il faut garder. Mais comme on n'en peut donner de regle assûrée, on ne peut convaincre ceux qui y font des fautes. Dès que leur sentiment ne les avertit pas, vous ne pouvez les instruire: De plus le goût a pour objet des choses si délicates, si imperceptibles, qu'il échappe aux regles. C'est la nature qui le donne; il ne s'acquiert pas. Le goût est d'une grande étendue; il met de la finesse dans l'esprit, & vous fait appercevoir d'une maniere vive & prompte, sans qu'il en coûte rien à la raison, tout ce qu'il y a à voir dans chaque chose. C'est ce que veut dire Montagne, quand il assure que les Femmes ont un *esprit plein-sautier*. Dans le cœur le goût donne des sentimens délicats, & dans le commerce du monde une certaine politesse attentive, qui nous apprend à ménager l'amour propre de ceux avec qui nous vivons. Je crois que le goût dépend de deux choses, d'un sentiment très délicat dans le cœur, & d'une grande justesse dans l'esprit. Il faut donc avouer que les hommes ne connoissent pas la grandeur du present qu'ils font aux Dames, quand ils leur passent l'esprit de goût.

Ceux qui attaquent les Femmes, ont prétendu que l'action de l'esprit qui consiste à considerer un objet, étoit bien moins parfaite dans les Femmes, parce que le sentiment qui les domine, les distrait & les entraîne. L'attention est necessaire; elle fait naître la lumiere pour

ainsi

ainsi dire, approche les idées de l'esprit & les met à la portée : mais chez les Femmes les idées s'offrent d'elles-mêmes, & s'arrangent plûtôt par sentiment que par reflexion : la nature raisonne pour elles & leur en épargne tous les frais. Je ne crois donc pas que le sentiment nuise à l'entendement ; il fournit de nouveaux esprits, qui illuminent de maniere, que les idées se presentent plus vives, plus nettes & plus démêlées ; & pour preuve de ce que je dis, toutes les passions sont éloquentes : nous allons aussi sûrement à la verité par la force & la chaleur des sentimens, que par l'étenduë & la justesse des raisonnemens; & nous arrivons toujours par eux plus vîte au but dont il s'agit, que par les connoissances. La persuasion du cœur est audessus de celle de l'esprit, puisque souvent notre conduite en dépend : c'est à notre imagination & à notre cœur, que la nature a remis la conduite de nos actions & de ses mouvemens.

La sensibilité est une disposition de l'ame qu'il est avantageux de trouver dans les autres. Vous ne pouvez avoir ni humanité ni generosité, sans sensibilité. Un seul sentiment, un seul mouvement du cœur a plus de credit sur l'ame, que toutes les sentences des Philosophes : la sensibilité secourt l'esprit & sert la vertu. On convient que les agrémens se trouvent chez les personnes de ce caractere; les graces vives & soudaines, dont parle Plutarque, ne sont que pour elles. Une Dame qui a été un modele d'agrémens sert de preuves à ce que j'avance. On demandoit un jour à un homme d'esprit de ses amis, ce qu'elle faisoit & ce qu'elle pensoit dans sa retraite. Elle n'a jamais pensé, répondit-il, elle ne fait que sentir. Tous ceux qui l'ont connuë, conviennent, que c'étoit la plus séduisante personne du monde, & que les goûts, ou plûtôt les passions, se rendoient maîtres de son imagination & de sa raison, de maniere que ses goûts étoient toujours justifiez par sa raison & respectez par ses amis : aucun de ceux qui l'ont connuë, n'a osé la condamner qu'en cessant de la voir, parce que jamais elle n'avoit tort en presence. Cela prouve que rien n'est si absolu, que la superiorité de l'esprit, qui vient de la sensibilité & de la force de l'imagination, parce que la persuasion est toujours à sa suite.

Les Femmes d'ordinaire ne doivent rien à l'art. Pourquoi trouver mauvais qu'elles ayent un esprit qui ne leur coûte rien ? Nous gâtons toutes les dispositions que leur a donné la nature : nous commençons par negliger leur éducation : nous n'occupons leur esprit à rien de solide, & le cœur en profite : nous les destinons à plaire, & elles ne nous plaisent que par leurs graces ou par leurs vices ; il semble qu'elles ne soient faites que pour être un spectacle agréable à nos yeux. Elles ne songent donc qu'à cultiver leurs agremens, & se laissent aisément entraîner au penchant de la nature ; elles ne se refusent pas à des goûts qu'elles ne croyent pas avoir reçus de la nature, pour les combattre.

Mais ce qu'il y a de singulier, c'est qu'en les formant pour l'amour, nous leur en défendons l'usage. Il faudroit prendre parti : si nous ne les destinons qu'à plaire, ne leur défendons pas l'usage de leurs agrémens : si vous les voulez raisonnables & spirituelles, ne les abandonnez pas, quand elles n'ont que cette sorte de merite ; mais nous leur demandons un mêlange & un ménagement de ces qualitez, qu'il est difficile d'attraper & de réduire à une mesure juste. Nous leur voulons de l'esprit, mais pour le cacher, l'arrêter & l'empêcher de rien produire. Il ne sçauroit prendre l'essor, qu'il ne soit aussi-tôt rappellé par ce qu'on nomme bienséance. La gloire, qui est l'ame & le soutien de toutes les productions de l'esprit, leur est refusée. On ôte à leur esprit tout objet, toute esperance : on l'abaisse, & si j'ose me servir des termes de Platon, on lui coupe les aîles. Il est bien étonnant qu'il leur en reste encore.

Les Femmes ont pour elles une grande autorité : c'est S.

Evremont. Quand il a voulu donner un modele de perfection, il ne l'a pas placé chez les hommes. *Je crois*, dit-il, *moins impoſſible de trouver dans les Femmes la ſaine raiſon des hommes, que dans les hommes les agremens des Femmes.* Je demande aux hommes de la part de tout le ſexe : Que voulez-vous de nous ? vous ſouhaitez tous de vous unir à des perſonnes eſtimables, d'un eſprit aimable & d'un cœur droit. Permettez-leur donc l'uſage des choſes qui perfectionnent la raiſon. Ne voulez-vous que des graces qui favoriſent les plaiſirs ? Ne vous plaignez donc pas ſi les

Femmes étendent un peu l'usage de leurs charmes.

Mais pour donner aux choses le rang & le prix qu'elles meritent, distinguons les qualitez estimables & les agréables. Les estimables sont réelles & sont intrinseques aux choses, & par les loix de la justice ont un droit naturel sur notre estime. Les qualitez agréables qui ébranlent l'ame & qui donnent de si douces impressions, ne sont point réelles ni propres à l'objet; elles se doivent à la disposition de nos organes & à la puissance de notre imagination. Cela est si vrai, qu'un même objet ne fait pas les mêmes impressions sur tous les hommes, & que souvent nos sentimens changent, sans qu'il y ait rien de changé dans l'objet.

Les qualitez exterieures ne peuvent être aimables par elles-mêmes ; elles ne le font que par les dispositions qu'elles trouvent en nous. L'amour ne se merite point, il échappe aux plus grandes qualitez. Seroit-il donc possible que le cœur ne pût dépendre des loix de la justice, & qu'il ne fût soumis qu'à celles du plaisir ? Quand les hommes voudront, ils réuniront toutes ces qualitez & ils trouveront des Femmes auffi aimables que refpectables. Ils prennent fur leur bonheur & fur leur plaifir, quand ils les dégradent. Mais de la maniere dont elles fe conduifent, les mœurs y ont infiniment perdu, & les plaifirs n'y ont pas gagné.

Tout le monde convient, qu'il eft neceffaire que les Femmes fe faffent eftimer : mais n'avons-nous befoin que d'eftime, & ne nous manquera-t'il plus rien ? Notre raifon nous dira que cela doit fuffire. Mais nous abandonnons aifement les droits de la raifon pour ceux du cœur. Il faut prendre la nature comme elle eft ; les qualitez eftimables ne plaisent qu'autant qu'elles peuvent nous devenir utiles : mais les aimables nous sont aussi necessaires pour occuper notre cœur. Car nous avons autant de besoin d'aimer que d'estimer : on se lasse même d'admirer, si ce qu'on admire n'est aussi fait pour plaire. Ce n'est pas même assez que ce sexe nous plaise, il semble qu'il soit obligé de nous toucher : le merite n'est pas brouillé avec les graces : lui seul a droit de les fixer : sans lui elles sont legeres & fugitives. De plus la vertu n'a jamais enlaidi personne, & cela est si vrai que la beauté sans merite &

sans esprit est insipide, & que le merite fait pardonner la laideur.

Je ne mets pas l'aimable sentiment dans les qualitez exterieures ; je l'étends plus loin. Les Espagnols disent que la beauté est comme les odeurs dont l'effet est de peu de durée : on s'y accoûtume & on ne les sent plus. Mais des mœurs, un esprit juste & fin, un cœur droit & sensible, ce sont des beautez ravissantes & toujours nouvelles. A present nos plaisirs sont moins délicats, parce que nos mœurs sont moins pures. Examinons à qui on doit s'en prendre.

On attaque depuis long-tems la conduite des Femmes; on prétend qu'elles n'ont jamais été si déreglées qu'à present, qu'elles ont banni la pureté de leur cœur & les bienséances de leur conduite : je ne sçai si on n'a pas quelque raison. Je pourrois cependant dire, qu'il y a long-tems qu'on se plaint des mêmes choses, qu'un siecle peut-être justifié par un autre, & pour sauver le present, je n'ai qu'à vous renvoyer au passé. Les mœurs se ressemblent dans tous les tems, mais elles se montrent sous des formes differentes; comme l'usage n'a droit que sur les choses exterieures, & qu'il ne s'étend point sur les sentimens, il ne redresse pas la nature; il n'ôte point les besoins du cœur, & les passions sont toujours les mêmes.

Les hommes se sont-ils acquis par la pureté de leurs mœurs le droit d'attaquer celles des Femmes? En verité les deux sexes n'ont rien à se reprocher. Ils contribuent également à la corruption de leur siécle. Il faut pourtant convenir que les manieres ont changé. La galanterie est bannie, & personne n'y a gagné : les hommes se sont separez des Femmes, & ont perdu la politesse, la douceur & cette fine délicatesse qui ne s'acquiert que dans leur commerce : les Femmes aussi ayant moins de commerce avec les hommes, ont perdu l'envie de plaire par des manieres douces & modestes, & c'étoit pourtant la veritable source de leurs agrémens.

Quoique la Nation Françoise soit déchuë de l'ancienne galanterie, il faut pourtant convenir qu'aucune autre Nation ne l'avoit ni plus poussée ni plus épurée. Les hommes en ont fait un art de plaire, & ceux qui s'y sont exercez & qui y ont acquis une grande habitude, ont
des

des regles certaines, quand ils sçavent s'adresser à des caracteres foibles. Les Femmes se sont donné des regles pour leur resister : comme elles jouissent d'une grande liberté en France, & qu'elles ne sont gardées que par leur pudeur & par les bienséances, elles ont sçu opposer leur devoir aux impressions de l'amour. C'est des desirs & des desseins des hommes, de la pudeur & de la retenuë des Femmes, que se forme le commerce délicat, qui polit l'esprit & qui épure le cœur : car l'amour perfectionne les ames bien nées. Il faut convenir qu'il n'y a que la Nation Françoise, qui se soit fait un art délicat de l'amour.

Les Espagnols & les Italiens l'ont ignoré; comme les Femmes y sont presque enfermées, les hommes ne mettent leur application qu'à vaincre les obstacles exterieurs, & quand ils les ont surmontez, ils n'en trouvent plus dans la personne aimée; mais l'amour qui s'offre n'est guere piquant. Il semble que ce soit l'ouvrage de la nature & non pas celui de l'amant. En France, l'on sçait faire un meilleur usage du tems. Comme le cœur est de la partie, & que souvent même chez les honnêtes personnes on n'a de commerce qu'avec lui, il est regardé comme la source de tous les plaisirs : c'est aussi aux sentimens à qui nous devons tous nos Romans si pleins d'esprit & si épurez, & qui sont ignorez des Nations dont je parle. Un Espagnol, en lisant les Conversations de Clelie, disoit, *voilà bien de l'esprit mal employé.* Dès qu'on ne sçait faire qu'un usage de l'amour, le Roman est court : en retranchant la galanterie, vous passez sur la délicatesse de l'esprit & des sentimens. Les Espagnoles sont vives & emportées : elles sont à l'usage des sens, & ne sont point à celui du cœur : c'est dans la resistance que les sentimens se fortifient & acquierent de nouveaux dégrez de délicatesse. La passion s'éteint, dès qu'elle est satisfaite; & l'amour sans crainte & sans desirs est sans ame.

L'amour est le premier plaisir, la plus douce & la plus flateuse de toutes les illusions. Puisque ce sentiment est si necessaire au bonheur des humains, il ne le faut pas bannir de la societé; il faut seulement apprendre à le conduire & à le perfectionner. Il y a tant d'écoles établies pour cultiver l'esprit, pourquoi n'en pas avoir pour cultiver le cœur? C'est un art qui a été négligé. Les passions cependant sont des cordes, qui ont besoin de la main d'un grand maître pour être touchées. Echappe-t'on à qui sçait remuer les ressorts de l'ame par ce qu'il y a de plus vif & plus fort?

L'amour n'étoit pas décrié chez les Anciens, comme il l'est à present. Pourquoi l'avilissons-nous? que ne lui laissons-nous toute sa dignité? Platon a un grand respect pour ce sentiment: quand il en parle, son imagination s'échauffe, son esprit s'illumine & son stile s'embellit: quand il parle d'un homme touché ; *cet amant*, dit-il, *dont la personne est sacrée &c.* Il appelle les amans des amis divins, & inspirez par les Dieux.

Les Anciens ne croyoient pas que le plaisir dût être le premier objet de l'amour. Ils étoient persuadez que la vertu devoit en être le soutien. Nous en avons banni les mœurs & la probité, & c'est la source de tous les malheurs. La plûpart des hommes d'à present croyent que les sermens que l'amour a dictez, n'obligent à rien. La morale & la reconnoissance ne défendent point les sens contre les amorces de la nouveauté. La plûpart aiment par caprice, & changent par temperament.

Ce que l'amour fait souffrir souvent, n'apprend pas à s'en passer, il n'apprend qu'à le déplorer. Voyons ce que nous en pouvons faire. Examinons la conduite des Femmes dans l'amour, & leurs differents caracteres.

Il en est de bien des sortes. Il y a des Femmes qui ne cherchent & ne veulent que les plaisirs de l'amour. D'autres qui joignent l'amour & les plaisirs, & quelques-unes qui ne reçoivent que l'amour & qui rejettent tous les plaisirs. Je passerai legerement sur le premier caractere. Celles-là ne cherchent dans l'amour que les plaisirs des sens, que celui d'être fortement occupées & entraînées, & que celui d'être aimées. Enfin elles aiment l'amour & non pas l'amant : ces personnes se livrent à toutes les passions les plus ardentes. Vous les voyez occupées du Jeu, de la Table : tout ce qui porte la livrée du plaisir est bien reçu.

J'ai toujours été étonnée qu'on pût associer d'autres passions à l'amour, qu'on laissât du vuide dans son cœur, & qu'après avoir tout donné on ne fût pas uniquement occupé de ce qu'on aime. Ordinairement

dinairement les personnes de ce caractere perdent toutes les vertus en perdant l'innocence ; & quand leur gloire est une fois immolée, elles ne menagent plus rien. On faisoit des reproches à Madame **** qui violoit toutes les Loix de la bienséance. *Je veux jouir*, disoit-elle, *de la perte de ma reputation.* Celles qui suivent de pareilles maximes rejettent les vertus de leur sexe. Elles les regardent comme un usage de politique, auquel elles veulent échaper. Quelques-unes croyent qu'il suffit de donner quelques dehors pour satisfaire à leurs obligations, & dérober leurs foiblesses.

Mais il est dangereux de croire que ce qui est ignoré soit innocent. Elles rejettent les principes pour éluder les remords, & appellent du décret de tous les hommes. Toute leur vie elles passent de foiblesse en foiblesse, & ne sentent jamais.

Dès qu'une Femme a banni de son cœur cet honneur tendre & délicat, qui doit être la regle de sa vie, tremblez pour les autres vertus. Quel privilege auront-elles pour être respectées ? Leur doit-on plus qu'à son propre honneur ? Ces caracteres-là ne font jamais des caracteres aimables. Vous ne trouvez *sur les Femmes.*

en elles ni pudeur, ni délicatesse; elles se font une habitude de galanterie; elles ne sçavent point joindre la qualité d'amie à celle d'amante. Comme elles ne cherchent que les plaisirs, & non pas l'union des cœurs, elles échapent à tous les devoirs de l'amitié. Voilà l'amour d'usage & d'à present, & où les conduit une vie frivole & dissipée.

Il est une autre sorte de Femmes galantes qui se livrent au plaisir d'aimer, qui ont sçû conserver les principes de l'honneur, qui n'ont jamais rien pris sur les bienséances, qui se respec-

E ij

tent, mais que la violence de la passion entraîne. Il en est qui ne se prêtent pas à leurs foiblesses, qui y resistent; mais enfin l'amour est le plus fort. J'ai connu une Femme de beaucoup d'esprit, à qui je faisois quelquefois de petits reproches, par l'interêt que j'y prenois. ,, N'avez-
,, vous jamais senti, me di-
,, soit - elle, la force de l'a-
,, mour. Je me sens liée, ga-
,, rottée, entraînée : ce sont
,, les fautes de l'amour : ce ne
,, sont plus les miennes. "
Montagne nous peint ses dispositions, quand il étoit touché. C'est un Philosophe qui parle... *Je me sentois*, dit-il,

enlevé tout vivant & tout voyant. Je voyois ma raison & ma conscience se retirer, se mettre à part; & le feu de mon imagination me transportoit hors de moi-même. J'ai toujours crû qu'il n'y a point d'honnête personne, qui ne doive craindre de se trouver dans cet état.

Il y a des Femmes qui ont une autre sorte d'atachement. On ne peut les dire galantes; cependant elles tiennent à l'amour par les sentimens : elles sont sensibles & tendres, & elles reçoivent l'impression des passions. Mais comme elles respectent les vertus de leur sexe, elles rejettent les engagemens considerables.

La nature les a faites pour aimer. Les principes arrêtent les mouvemens de la nature. Mais comme l'usage n'a des droits que sur la conduite, & qu'il ne peut rien sur le cœur, plus leurs sentimens sont retenus, plus ils sont forts.

Ceux des Femmes galantes ne sont ni vifs, ni durables, ils s'usent comme ceux des hommes, en les exerçant. On trouve bientôt la fin d'un sentiment, dès qu'on se permet tout. L'habitude aux plaisirs les fait disparoître. Les plaisirs des sens prennent toûjours sur la sensibilité des cœurs, & ce que vous en retranchez, retourne aux plaisirs de la tendresse.

sur les Femmes.

Mais si vous voulez trouver une imagination ardente, une ame profondément occupée, un cœur sensible & bien touché, cherchez-le chez les Femmes d'un caractere raisonnable. Si vous ne trouvez de bonheur & de repos que dans l'union des cœurs: si vous êtes sensible au plaisir d'être ardemment aimé, & que vous vouliez joüir de toutes les délicatesses de l'amour, de ses impatiences & de ses mouvemens si purs & si doux, soyez bien persuadé qu'ils ne se trouvent que chez les personnes retenuës & qui se respectent.

De plus, ne sentez-vous

pas le besoin d'estimer ce que vous aimez ? Quelle paix cela ne met-il pas dans un commerce ? Dès qu'on a sçû vous persuader qu'on vous aime, & que vous voyez à n'en pas douter, que c'est à la vertu seule qu'on sacrifie les desirs de son cœur, cela n'établit-il pas la confiance de tout le reste ? *Les refus de chasteté*, dit Montagne, *ne déplaisent jamais.*

Les hommes ne connoissent pas leurs interêts, quand ils cherchent à gagner l'esprit & le cœur des personnes qu'ils aiment. Il y a un plaisir plus touchant & plus durable que la liaison des sens : c'est l'union des cœurs, ce penchant secret qui vous porte vers ce que vous aimez, cet épanchement de l'ame, cette certitude qu'il y a une personne au monde qui ne vit que pour vous, & qui feroit tout pour vous sauver un chagrin.

L'amour, dit Platon, est entrepreneur de grandes choses; il vous conduit dans le chemin de la vertu, & ne vous souffrira aucune foiblesse. Voilà la marque du veritable amour. A Lacedemone quand un homme avoit manqué, ce n'étoit pas lui qu'on punissoit, mais la personne qui l'aimoit. On la croyoit coupable des fautes de la personne aimée. Ils sçavoient que l'amour dont je parle est l'appui le plus sûr de la vertu. Tous les exemples le confirment. Combien d'amans ont demandé à combattre devant leurs maîtresses, & ont fait des choses incroyables. Voilà le motif par lequel les honnêtes personnes se permettent d'aimer. Elles sçavent que se liant à un homme de merite, elles seront soutenuës & conduites dans le chemin de la vertu, par des principes & par des preceptes. Les Femmes entr'elles ne peuvent joüir du doux plaisir de l'amitié. Ce sont les besoins qui les unissent & non point les sentimens : la plûpart ne la connoissent pas & n'en sont pas dignes.

Il y a un goût dans la parfaite amitié, où ne peuvent atteindre les caracteres mediocres. Les Femmes ne peuvent pas ne point sentir leur cœur. Que faire de ce fonds de sentiment & de ce besoin qu'on a d'aimer & d'être aimée ? Les hommes en profitent, mais rien n'est si précieux ni si durable que cette sorte d'amour, quand vous y avez associé la vertu. Il met de la décence dans les pensées, dans la conduite & dans les sentimens. Le Tasse nous donne un modele de délicatesse en la personne d'Olynde ; il dit ** *que cet amant desire beaucoup, espere peu, & ne demande rien.* Cet amour peut se suffire à lui-même : il est sa propre recompense.

La plûpart des hommes n'aiment que d'une maniere vulgaire. Ils n'ont qu'un objet. Ils se proposent un terme dans l'amour où ils esperent d'arriver : après bien des misteres, ils ne se reposent que dans les plaisirs. Je suis toujours surprise qu'on ne veüille pas rafiner sur le plus delicieux sentiment que nous ayons. Ce qui s'appelle le

** *Brama assai, poco spera, nulla chiede.* CANT. II.

terme de l'amour, est peu de chose. Pour un cœur tendre, il y a une ambition plus élevée à avoir : c'est de porter nos sentimens & ceux de la personne aimée, au dernier dégré de délicatesse, & de les rendre tous les jours plus tendres, plus vifs & plus occupans. De la maniere dont on se conduit, l'amour meurt avec les desirs, & disparoit, quand il n'y a plus d'esperance. Ce qu'il y a de plus touchant est ignoré. La tendresse ordinaire s'affoiblit & s'éteint. Il n'y a rien de borné dans l'amour, que pour les ames bornées, mais peu d'hommes ont l'idée de ces engagemens, & peu de Femmes en font dignes.

L'amour agit, selon les dispositions qu'il trouve. Il prend le caractere des personnes qu'il occupe. Pour les cœurs qui sont sensibles à la gloire & aux plaisirs, comme ce sont deux sentimens qui se combattent, l'amour les accorde ; il prépare, il épure les plaisirs pour les faire recevoir aux ames fieres, & il leur donne pour objet la délicatesse du cœur & des sentimens. Il a l'art de les élever & de les ennoblir. Il inspire une hauteur dans l'esprit, qui les sauve des abaissemens de la volupté. Il les justifie par l'exemple, il les déifie par la Poësie ; enfin il fait si bien que nous les jugeons dignes d'estime, ou tout au moins d'excuse.

Ces caracteres fiers coûtent plus à l'amour pour les assûjettir. Les personnes qui ont de la gloire dans le cœur souffrent dans les engagemens : il y a toujours une image de servitude attachée à l'amour. La tendresse prend sur la gloire des Femmes. Pour celles qui ont été bien élevées, & à qui on a inspiré des principes, les préjugez se sont profondément gravez. Quand il faut déplacer de pareilles idées, ce n'est pas le travail d'un jour. Rarement sont-elles heureuses. Entraînées par le cœur, déchirées par leur gloire, l'un de ces sentimens ne subsiste plus qu'aux dépens de l'autre. Cela prend toujours sur elles, & ce sont ordinairement les plus aimables conquêtes. Vous sentez l'effort & la resistance que le devoir oppose à leur tendresse. Un amant joüit du plaisir secret de sentir tout son pouvoir. La conquête est plus grande & plus pleine ; elles ont plus à perdre : vous leur coûtez davantage.

Il y a toujours une sorte de cruauté dans l'amour. Les plaisirs

plaisirs de l'amant ne se prennent que sur les douleurs de l'amante. L'amour se nourrit de larmes.

Ce qui rend ces caracteres plus aimables, c'est qu'il y a plus de sûreté. Quand une fois elles se sont engagées, c'est pour la vie, à moins que les mauvais procedez ne les dégagent. Elles se font un devoir de leur amour; elles le respectent; elles sont fideles & délicates; elles ne manquent à rien. Le sentiment de gloire qui les occupe tourne au profit de l'amour, puisqu'elles en sont plus tendres, plus vives & plus appliquées. Une amante aimable, & qui a de la gloire dans le cœur, ne songe qu'à se faire estimer & l'amour la perfectionne. Il faut convenir que les Femmes sont plus délicates que les hommes en fait d'attachement. Il n'appartient qu'à elles de faire sentir par un seul mot, par un seul regard, tout un sentiment. Les inconveniens des caracteres fiers sont d'être absolus & aisez à blesser. Comme elles sentent leur prix, elles exigent plus.

Les caracteres sensibles & mélancoliques trouvent des charmes & des agrémens infinis dans l'amour, & en font sentir. Il y a des plaisirs à part pour les ames tendres &

délicates. Ceux qui ont vêcu de la vie de l'amour, sçavent combien leur vie étoit animée; & quand il vient à leur manquer, ils ne vivent plus. L'amour fait tous les biens & tous les maux; il perfectionne les ames bien nées; car l'amour dont je parle est un censeur severe & délicat, qui ne pardonne rien. Les caracteres mélancoliques y sont plus propres. Qui dit amoureux, dit triste; mais il n'appartient qu'à l'amour de donner des tristesses agréables.

Les personnes mélancoliques ne sont occupées que d'un sentiment; elles ne vivent que pour ce qu'elles aiment. Desoccupées de tout, aimer est l'emploi de tout leur loisir. A-t'on trop de toutes ses heures pour les donner à ce qu'on aime?

Opposez à ce caractere, pour en connoître le prix, celui qui lui est contraire. Voyez les Femmes du monde, qui sont livrées au jeu, aux plaisirs & aux spectacles; que ne leur faut-il pas pour l'emploi du tems? Si elles sçavent bien trouver la fin de la journée, sans qu'elles aiment, n'est-ce pas autant de pris sur le goût principal? Nous n'avons qu'une portion d'attention & de sentiment: dès que nous nous livrons aux objets exterieurs, le sentiment dominant s'affoiblit; nos desirs ne sont-ils pas plus vifs, & plus forts dans la retraite ?

Il y a des plaisirs qui ne sont faits que pour des gens délicats & attentifs. L'amour est un Dieu jaloux qui ne souffre aucune rivalité. La plûpart des Femmes prennent l'amour comme un amusement; elles s'y prêtent & ne s'y donnent pas: elles ne connoissent point ces sentimens profonds, qui occupent l'ame d'une tendre amante.

Mademoiselle Scudery dit *que la mesure du merite se tire*

Reflexions nouvelles de l'étenduë du cœur & de la capacité qu'on a d'aimer. Avec une pareille regle le merite des Femmes d'à present sera leger.

Enfin celles qui sont destinées à vivre d'une vie de sentiment, sentent que l'amour est plus necessaire à la vie de l'esprit, que les alimens ne le sont à celle du corps. Mais notre amour ne sçauroit être heureux qu'il ne soit reglé. Quand il ne nous coûte ni vertu, ni bienséance, nous jouissons d'un bonheur sans interruption. Nos sentimens sont profonds, nos joyes sont pures, nos esperances sont flateuses, l'imagination est agréablement remplie, l'esprit vivement occupé, & le cœur touché. Il y a dans cette sorte d'amour des plaisirs sans douleur, & une espece d'immensité de bonheur qui anéantit tous les malheurs, & les fait disparoître. L'amour est à l'ame ce que la lumiere est aux yeux. Il écarte les peines, comme les lumieres écartent les tenebres. Madame de **** disoit que les beaux jours que donne le soleil, n'étoient que pour le peuple : mais que la presence de ce qu'on aimoit, faisoit les beaux jours des honnêtes gens. Ceux qui sont destinez à une vie si heureuse, sont dans le monde, comme s'ils n'y étoient pas, & ne s'y prêtent que pour des instans. Rien ne les interesse, que ce qu'ils sentent. Rien ne les peut remplir que l'amour.

L'esprit que l'amour donne est vif & lumineux : il est la source des agremens. Rien ne peut plaire à l'esprit qu'il n'ait passé par le cœur.

La difference de l'amour aux autres plaisirs est aisée à faire à ceux qui en ont été touchez. La plûpart des plaisirs ont besoin, pour être sentis, de la presence de l'objet. La musique, la bonne chere, les spectacles, il faut que ces plaisirs soient presens pour faire

faire leurs impressions, pour rappeller l'ame à eux, & la tenir attentive. Nous avons en nous une disposition à les goûter : mais ils sont hors de nous, ils viennent du dehors. Il n'en est pas de même de l'amour; il est chez nous, il est une portion de nous-mêmes; il ne tient pas seulement à l'objet, nous en jouissons sans lui. Cette joye de l'ame que donne la certitude d'être aimée; ces sentimens tendres & profonds; cette émotion de cœur vive & touchante; que vous donnent l'idée & le nom de la personne que vous aimez; tous ces plaisirs sont en nous, & tiennent à notre propre sentiment. Quand votre cœur est bien touché, & que vous êtes sûr d'être aimée; tous vos plus grands plaisirs sont dans votre amour; vous pouvez donc être heureuse par votre seul sentiment, & associer ensemble le bonheur & l'innocence.

FIN.

De l'Imprimerie de PAULUS-DU-MESNIL.

APPROBATION.

J'AY lû par ordre de Monseigneur le Garde des Sceaux, un Manuscrit intitulé *Reflexions nouvelles sur les Femmes, par une Dame de la Cour*. Je n'y ai rien trouvé qui m'ait paru devoir en empêcher l'impression. A Paris ce 16 Novembre 1727.

LANCELOT.

PRIVILEGE DU ROY.

LOUIS par la Grace de Dieu Roy de France & de Navarre : A nos amez & feaux Conseillers, les Gens tenans nos Cours de Parlement, Maîtres des

Requêtes ordinaires de notre Hôtel, Grand'Conseil, Prevôt de Paris, Baillifs, Senechaux, leurs Lieutenans Civils & autres nos Justiciers qu'il appartiendra; Salut : Notre bien-amé LE BRETON, Libraire à Paris : Nous ayant fait suplier de lui accorder nos Lettres de Permission pour l'impression d'un Ouvrage qui a pour titre : *Reflexions nouvelles sur les Femmes, par une Dame de la Cour* : Offrant pour cet effet de le faire imprimer en bon papier & beaux caracteres suivant la feuille imprimée & attachée pour modele sous le contrescel des Presentes : Nous lui avons permis & permettons par ces Presentes de faire imprimer ledit Ouvrage ci-dessus specifié conjointement ou separément, & autant de fois que bon lui semblera, sur papier & caracteres conformes à ladite feuille imprimée & attachée sous notredit contrescel, & de le vendre, faire vendre & débiter par tout notre Royaume pendant le tems de trois années consecutives, à compter du jour de la date desdites Presentes. Faisons défenses à tous Libraires, Imprimeurs & autres personnes de quelque qualité & condition qu'elles soient d'en introduire d'impression étrangere dans aucun lieu de notre obéissance ; à la charge que ces Presentes seront enregistrées tout au long sur le Registre de la Communauté des Libraires & Imprimeurs de Paris dans trois mois de la date d'icelles, que l'impression de cet Ouvrage sera faite dans notre Royaume & non ailleurs, & que l'Impetrant se conformera en tout aux Reglemens de la Librairie, & notamment à celui du 10 Avril 1725, & qu'avant de l'exposer en vente, le manuscrit ou imprimé qui aura servi de copie à l'impression dudit Ouvrage, sera remis dans le même état où l'approbation y aura été donnée, ès mains de notre très-cher & feal Chevalier Garde des Sceaux de France le Sr Chauvelin, & qu'il en sera ensuite remis deux Exemplaires dans notre Bibliotheque publique, un dans celle de notre Château du Louvre & un dans celle de notred. très-cher & feal Chevalier Garde des Sceaux de France le Sieur Chauvelin; le tout à peine de nullité des Presentes, du contenu desquelles vous mandons & enjoignons de faire jouir l'Exposant ou ses ayans cause, pleinement & paisiblement sans souffrir qu'il leur soit fait aucun trouble ou empêchement. Voulons qu'à la copie desdites Presentes, qui sera imprimée tout au long au commencement ou à la fin dudit Livre foy soit ajoutée comme à l'Original. Commandons au Premier notre Huissier ou Sergent de faire pour l'execution d'icelles tous actes requis & nécessaires, sans demander autre permission, & nonobstant clameur de Haro, Charte Normande & Lettres à ce contraires : Car tel est notre plaisir. Donné à Paris le vingt-sixiéme jour du mois de Novembre l'An de grace mil sept cent vingt-sept, & de notre Regne le treiziéme. Par le Roy en son Conseil.

Signé, FOUBERT.

Registré sur le Registre VII. de la Chambre Royale des Libraires & Imprimeurs de Paris, N°. 18.

fol. 18. conformément aux anciens Reglemens confirmez par celui du 28 Février 1723. A Paris, le deux Décembre mil sept cent vingt-sept.

BRUNET, Syndic.

www.ingramcontent.com/pod-product-compliance
Lightning Source LLC
LaVergne TN
LVHW021001090426
835512LV00009B/2013